AF337721

Raoul JAY

Professeur agrégé à la Faculté de droit de Grenoble.

LA PERSONNALITÉ CIVILE

DES

SYNDICATS PROFESSIONNELS

GRENOBLE

Xavier **DREVET**, éditeur

LIBRAIRE DE L'ACADÉMIE

14, rue Lafayette, 14

1888

LA PERSONNALITÉ CIVILE

DES

SYNDICATS PROFESSIONNELS

Raoul JAY

Professeur agrégé à la Faculté de droit de Grenoble.

LA PERSONNALITÉ CIVILE

DES

SYNDICATS PROFESSIONNELS

GRENOBLE

Xavier DREVET, éditeur

LIBRAIRE DE L'ACADÉMIE

14, rue Lafayette, 14

1888

LA PERSONNALITÉ CIVILE

SYNDICATS PROFESSIONNELS

I

L'article 6 de la loi du 21 mars 1884 reconnaît la personnalité civile des syndicats professionnels. L'élaboration de ce texte donna lieu à de longs et remarquables débats parlementaires.

Le projet, présenté à la Chambre des députés dans la séance du 20 novembre 1880, par MM. Cazot, ministre de la justice, et Tirard, ministre de l'agriculture et du commerce, n'accordait aux syndicats aucun des attributs de la personnalité. Il se contentait de déclarer que ces associations professionnelles pourraient se constituer sans autorisation préalable du gouvernement, lors même qu'elles seraient composées de plus de vingt personnes (1). Il n'exigeait, comme condition de cette liberté, que l'accomplissement d'une simple formalité : le dépôt des statuts ainsi que des noms et adresses de tous les membres du syndicat.

La commission de la Chambre des députés obéit à d'autres inspirations. Il lui sembla que les syndicats professionnels ne pouvaient se passer d'une certaine

---

(1) Art. 1er du projet de loi déposé par le gouvernement.

personnalité civile. Elle jugeait cette personnalité particulièrement nécessaire aux syndicats ouvriers. Dirigées en général par des gens entendus, rompus aux affaires, les associations patronales auraient pu, par des précautions habiles, par des fraudes innocentes, suivant l'expression du rapporteur, s'assurer plusieurs des avantages de la personnification morale. Inexpérimentés, ignorants des difficultés et des obscurités légales, les ouvriers seraient toujours incapables d'imiter l'exemple de leurs patrons. Et cependant, quelques-uns au moins des droits de la personnalité civile leur étaient indispensables s'ils prétendaient constituer des associations durables, poursuivre d'autres buts que le succès momentané d'une grève ou d'une coalition (1).

En conséquence, la commission proposait à la Chambre de reconnaître aux syndicats une personnalité, incomplète il est vrai, mais suffisante pour leur permettre d'agir et de fonctionner au grand jour (2).

Les fondateurs du syndicat restaient obligés de faire connaître la naissance de l'association et les modifications que sa constitution pourrait éprouver par un dépôt fait à la mairie ; cependant la commission n'exigeait plus que la déclaration contînt les noms de tous les membres, mais seulement ceux des membres chargés de l'administration ou de la direction.

Dès la première délibération, la commission se vit opposer un système très différent de celui qu'elle apportait au Parlement. MM. Trarieux, Ribot et Goblet avaient pris l'initiative de ce système nouveau et s'en firent, à plusieurs reprises, les habiles et chaleureux défenseurs.

---

(1) Voir le rapport de M. Allain-Targé, *Journal officiel*, 20 mars 1881, n° 3420.
(2) Art. 5 du projet de la Commission.

Imposer à tous les syndicats la personnalité civile, la jeter à leur tête, comme le disait M. Ribot, n'était pour eux qu'une exagération de zèle dont certaines associations pouvaient être les premières à se plaindre. Il en était, en effet, pour qui la personnalité ne présentait aucune utilité; elles n'en seraient pas moins comme les autres et sous la menace de sanctions pénales, astreintes à publier leurs statuts et les noms de leurs administrateurs.

M. Trarieux et ses collègues estimaient, d'autre part, que le Parlement avait le droit et le devoir de n'accorder qu'à bon escient les prérogatives considérables qui découlent de la personnalité. A ce point de vue, la simple formalité du dépôt leur semblait une garantie tout-à-fait insuffisante.

Ils proposaient donc de laisser s'organiser, sans aucune condition de publicité, les syndicats qui ne prétendraient pas à la personnalité, mais voulaient obliger les autres à soumettre leurs statuts à un examen qui permit d'en vérifier la régularité et la légalité. D'après l'amendement dont ils avaient saisi la Chambre : « les syndicats professionnels qui voudront être reconnus devront déposer à la préfecture un double exemplaire de leurs statuts.

Le préfet devra, dans un délai de quinzaine, délivrer un récépissé qui servira de titre au syndicat si les statuts présentés ne contiennent rien de contraire à la loi, s'ils ne renferment aucune clause ayant pour but de restreindre, par des amendes ou des sanctions pénales quelconques, le droit aux membres de donner leur démission à toute époque. Les fondateurs ou administrateurs pourront se pourvoir contre le refus du préfet devant le Conseil d'Etat, qui statuera au contentieux sans frais et sans ministère d'avocat. »

Les défenseurs de l'amendement invoquaient particulièrement l'exemple de la législation anglaise. La loi de 1871 sur les trades-unions impose, en effet, à celles de ces associations qui désirent bénéficier de la personnalité, l'obligation de soumettre leurs statuts à l'examen d'un magistrat spécial, le *registrar*.

La commission accepta la partie libérale du système de MM. Trarieux, Ribot et Goblet : la distinction des syndicats en deux catégories, suivant qu'ils croyaient n'avoir pas besoin de la personnalité ou prétendaient, au contraire, en obtenir les avantages : la constitution des associations de la première catégorie restant dispensée de toute formalité. Mais elle ne voulut pas astreindre celles de la seconde catégorie à soumettre leurs statuts à l'approbation du préfet ou d'un autre fonctionnaire. Elle maintint seulement pour ces dernières l'obligation de faire, à la mairie, le dépôt dont nous avons déjà indiqué les caractères en rédigeant ainsi le début de l'art. 6 : « Les syndicats professionnels qui auront accompli les formalités imposées par l'article 5 de la présente loi auront le droit d'ester en justice. »

Le vote de la Chambre vint en première, puis en seconde délibération, sanctionner les décisions de la commission. Mais le Sénat refusa d'admettre la dualité des syndicats ainsi consacrée. Permettre à certaines associations de se constituer sans publicité lui parut dangereux. Sur la proposition de M. Bérenger, les mots « qui auront accompli.... » furent supprimés. Rétablis une fois par la Chambre, ils furent de nouveau écartés par un vote du Sénat et ne se retrouvent pas dans la rédaction définitive de la loi (1).

M. Barthe résumait les motifs de la Haute Assemblée, lorsqu'il disait : « Que seraient en réalité les syn-

---

(1) V., sur cette discussion, Ledru et Worms, *Commentaire de la loi sur les syndicats professionnels*, p. 103 et s.

dicats professionnels qui se constitueraient secrète-
ment et qui éviteraient de se faire connaître ? Ces
syndicats seraient tout simplement des sociétés
secrètes, en faveur desquelles nous abrogerions
d'une manière indirecte l'art. 13 de la loi du 11 juil-
let 1848, qui interdit cette nature d'association (1).»

Ainsi, aujourd'hui, la loi du 21 mars 1884 astreint
tous les syndicats à l'obligation de déposer leurs sta
tuts, mais accorde aussi, à tous, les droits de la personnalité civile.

Nous ne regrettons pas, quant à nous, l'abandon
définitif du système si éloquemment défendu par
MM. Trarieux, Ribot et Goblet. S'il était vrai que
l'Etat dût exiger des garanties avant de permettre la
constitution d'une personne civile, ces garanties ne
pourraient, en tous cas, résulter d'un examen comme
celui qu'on voulait confier au préfet. Qui doute que les
statuts apportés au préfet n'eussent toujours été des
modèles de régularité, de respect de la loi ? Mais qui
pourrait affirmer que ces statuts, une fois approuvés,
auraient suffi pour empêcher toute ultérieure modification de l'association et de ses tendances, modifications d'autant plus dangereuses qu'elles auraient
eu lieu comme à couvert du titre délivré par l'administration ?

D'autre part, nous voyons mal quel rôle utile aurait
pu jouer le syndicat dépourvu de toute personnalité.
Pour dire toute notre pensée, une association nous
paraît très peu libre si elle ne peut exercer quelques-
unes au moins des facultés attachées à la personnification.

Je sais que la liberté d'association a été le plus souvent autrement comprise. En Angleterre, en Améri-
que, en Belgique, en Suisse, disait M. Ribot, cette

____

(1) Séance du 29 janvier 1884.

2

liberté est considérée comme le droit, pour les citoyens, de se réunir périodiquement, de signer entre eux des engagements, d'user des moyens d'action résultant de leurs efforts individuels réunis. Dans toutes les législations, ajoutait-il, avec quelque exagération, on regarde la personnalité civile comme quelque chose d'exorbitant du droit commun.

Je m'obstine néanmoins à penser que la liberté d'association, ainsi entendue, ne se distingue pas assez de la liberté de réunion. La confusion est d'ailleurs ancienne. Ne pourrait-on pas la reprocher à la Déclaration des droits de l'homme de 1793? Quant au fait général, je ne puis me l'expliquer que par cette considération que les gouvernements et les tribunaux ne tentent pas, et avec raison, de faire produire à l'absence de la personnalité toutes les conséquences qu'on en pourrait logiquement déduire, et laissent ainsi les associations s'assurer en fait, plus ou moins légalement, les plus nécessaires des prérogatives attachées à la personnification. M. Bertauld écrivait en 1871 : « Le droit de s'associer serait un droit vain, presque dérisoire, s'il n'entraînait pour les associations le droit de faire certains contrats, sans lesquels elles ne pourraient se maintenir ni se développer. A quoi bon le droit de naître s'il n'implique pas le droit de vivre et de prospérer » (1).

Ces idées ont d'ailleurs trouvé des défenseurs dans le Parlement de 1884. Elles sont déjà indiquées dans le rapport de M. Allain-Targé. Reprises lors de la première délibération de la Chambre, par M. Antonin

---

(1) Rapport fait par M. Bertauld à l'Assemblée Nationale, dans la séance du 14 décembre 1871. *Annales de l'Assemblée Nationale*, t. VI, annexes, p. 171. — V. dans le même sens, Acollas, *Philosophie de la science politique*, p. 210·; Clamageran, *Journal des Economistes*, 1861, t. XXX, p. 469.

Dubost, elles ont été exposées par lui avec une remarquable netteté. On nous sera reconnaissant de citer quelques lignes de son discours (1) :

« Qu'est-ce donc, Messieurs, que l'association ? Il semble à beaucoup de personnes sous l'empire des préjugés qui sont nés des dispositions de notre Code pénal en matière d'associations illicites, que l'association n'est rien autre chose que le fait par plusieurs individus de se réunir d'une façon permanente, de telle sorte que beaucoup s'imagineraient de très bonne foi avoir proclamé la liberté d'association, par cela seul qu'ils auraient reconnu à tous les citoyens à la fois le droit de se réunir, en quelque nombre que ce soit, pour se concerter et pour agir, et la faculté d'imprimer à leur réunion le caractère de la permanence.

« Or, je prétends que si la réunion et la permanence peuvent être rangées parmi les caractères constitutifs de l'association, ces deux conditions seules ne suffisent pas pour l'établir.

« Une troisième condition est nécessaire, indispensable. Il faut que les individus réunis dans un but commun, pour un objet déterminé, puissent acquérir et posséder, et se livrer à tous les actes que comportent la possession et la propriété. »

La législation suisse contemporaine s'est inspirée d'idées analogues. D'après l'art. 678 du Code fédéral, du 14 juin 1881, « toute réunion de personnes qui, sans constituer l'une des sociétés définies aux titres XXIV à XXVI (il s'agit dans ces titres des sociétés de gain organisées sous la forme collective, en commandite ou anonyme), poursuit un but économique ou financier commun, doit, pour former une association ayant droit à la personnalité civile, se faire inscrire sur les

---

(1) Séance du 21 mai 1881.

registres du commerce conformément aux dispositions qui suivent. »

L'art. 716 donne la même faculté aux sociétés qui ont un but scientifique, artistique, religieux, de bienfaisance ou de récréatiou ou tout autre but intellectuel et moral (1).

II.

Quels sont le caractère et les conséquences de la personnalité reconnue aux syndicats professionnels ? La question n'est pas sans difficulté.

Un important parti dans la doctrine s'est efforcé, on le sait, de limiter ou pour mieux dire de détruire la conception antérieurement acceptée de la personnalité civile. M. Laurent a dirigé cette campagne avec sa vigueur habituelle (2). Pour lui les expressions mêmes de personnes civiles, de personnes morales et autres analogues, sont des expressions étrangères à nos lois et dangereuses, dont un jurisconsulte scrupuleux devrait s'interdire l'usage, ou qu'il ne devrait du moins employer qu'en protestant d'avance contre l'idée qu'elles impliquent. Les hommes seuls sont des personnes et seuls ils ont des droits. Les personnes appelées civiles n'ont pas de droits véritables. Elles n'ont que des charges ; il ne faut pas même dire des obligations, par la raison qu'elles ne jouissent pas de la liberté, et là où il n'y a pas de liberté, peut-il être question d'obligations ? Pour M. Sainctelette, les soi-disant per-

---

(1) V. l'Etude de M. Riedmatten sur la législation suisse des Sociétés. *Bullelin de législation comparée*, 1884, p. 502.

(2) Laurent, *Principes de droit civil*, t. I. — V. aussi Sainctelette, *Revue critique*, 1885, p. 239.

sonnes morales ne sont pas des personnes, elles sont des choses.

Par suite, toute comparaison des personnes civiles aux personnes physiques et réelles, comparaison tendant à reconnaître aux premières une capacité générale, doit être considérée comme inexacte, absurde même et ne peut conduire qu'aux erreurs les plus fâcheuses. L'interprète ne saurait permettre aux prétendues personnes morales d'exercer d'autres facultés que celles que le législateur leur aura manifestement concédées.

Des considérations décisives, à notre avis, ont été opposées à ce système (1).

Sans doute, la personnalité morale est une fiction que le législateur seul peut créer, mais cette fiction a un sens dès longtemps reconnu. Elle a pour effet l'assimilation d'un être juridique artificiellement créé à une véritable personne physique.

L'assimilation n'est, à coup sûr, pas complète. Beaucoup de droits appartiennent aux personnes réelles dont la nature interdit la jouissance à une personnalité fictive. Il est évident, par exemple, que les personnes morales ne peuvent acquérir par succession *ab intestat*, et que si une exception semble au premier abord exister en faveur de l'Etat, cette exception n'est qu'apparente (le droit de deshérence n'étant pas un véritable droit de succession). M. Laurent, lui-même, nous en donne la raison : la succession est fondée sur les liens du sang, et ne peut par conséquent recevoir d'application à des créations sans vie réelle. Le même motif ferme aux personnes morales le domaine des droits de famille. Mais, sauf

---

(1) Piebourg, *Questions sur les personnes civiles : Revue de législation.* 1876. — Comparer l'intéressante théorie exposée par M. Beudant, Dalloz. *Rec. Per.*, 1879, I, p. 5.

ces restrictions qu'impose la nature même des choses, la personne civile peut légitimement prétendre que le législateur lui a voulu conférer, en lui donnant l'existence, toutes les facultés qui appartiennent aux personnes naturelles.

Cette assimilation des personnes civiles aux personnes physiques a été vivement critiquée en Allemagne comme inutile et peu rationnelle. Plusieurs systèmes ont été proposés pour la remplacer (1). Nous n'avons pas à exposer ici ces systèmes, encore moins à les juger et à dire s'ils constituent, comme le prétend Vangerow, des tentatives sans but et sans fondement. *So grund als zwecklosen Versuche.*

Il nous suffira de constater que la fiction *antropomorphique,* ainsi que la désignent ses adversaires, se présente à nous sans conteste possible, comme la théorie traditionnellement acceptée depuis le droit romain. A Rome déjà, la personne civile doit son existence à une fiction. *Personæ vice fungitur,* nous dit le Digeste. Elle a, en sa qualité de personne, généralement la même capacité que les personnes physiques (2).

Nos anciens jurisconsultes s'approprient les théories romaines (3). Voici comment s'exprime Pothier : « Les corps et communautés établis suivant les lois du royaume sont considérés dans l'Etat comme

---

(1) Voir un résumé de ces systèmes dans le livre remarquable de M. Van den Heuvel. *De la situation des associations sans but lucratif.*

(2) L. 22, de *Fidejus.* D. XLVI. I. — Accarias, *Précis de droit romain.* t. I, p. 66. — Van Wetter, *Cours de droit romain.* t. I. p. 106. — Vangerow. *Lehrb der Pand.,* t. I, p. 94. — Arndts. *Pand.* t. III, § 41, not. 3 et 4.

(3) Domat, *Lois civiles,* liv. prél., tit. II, sect. II. § 15. — Pothier, *Traité des personnes et des choses,* tit. VII, n° 210.

tenant lieu de personnes : *Veluti personam susti-
nent* ; car ces corps peuvent, *à l'instar des personnes*, aliéner, acquérir, posséder des biens, plai-
der, contracter, s'obliger, obliger les autres envers
eux. »

Les rédacteurs du Code civil ont-ils voulu, sans
dire expressément leur volonté, rompre avec la doctrine traditionnelle? Cela paraît peu croyable. M. Laurent le soutient cependant et il en donne pour preuve
que le Code ne contient aucun chapitre spécial con-
sacré aux personnes civiles, n'a nulle part présenté
de système général sur les droits et la capacité de ces
personnes. Il est vrai que le législateur de 1804 n'a
pas cru nécessaire d'exposer *ex professo* une théorie
complète et méthodique de la personnalité. Mais cette
théorie, qu'il ne formulait pas, il ne la reconnaissait
pas moins et s'en inspirait. Beaucoup de textes le
démontrent. Ce sont ceux qui, en réglant le mode
d'exercice et l'étendue des droits des personnes civiles, supposent nécessairement la capacité de ces personnes, notamment les articles 537, 619, 910, 937,
1712, 2045 du Code civil (1).

Il faut admettre, en conséquence, que la personne
morale pourra, d'après notre droit français moderne,
comme elle le pouvait d'après le droit ancien « invo-
quer et exercer dans leur plénitude, comme lui étant
tacitement concédés, tous les droits qu'un texte
spécial n'aura point totalement écartés ou restreints
à son égard (2). »

Les rédacteurs de la loi du 21 mars 1884, et le Parlement qui l'a votée, se sont-ils inspirés de la doctrine
traditionnelle ? Ont-ils au contraire admis l'exactitude

---

(1) V. Piebourg. *Revue de Lsgislation*, 1876, p. 226
et s.

(2) Piebourg.

des critiques de l'éminent jurisconsulte belge, et accepté les conséquences qui en découlent? C'est là, on le comprend, une question de grande importance dont la solution est destinée à exercer une influence prépondérante sur la détermination des droits qui appartiennent aux syndicats professionnels.

Nous croyons que la théorie de Pothier a encore été celle du législateur de 1884.

Remarquons d'abord, l'observation n'est pas sans importance, que nous ne trouvons nulle part, dans les travaux préparatoires, trace des scrupules de langage qui semblent obséder la conscience juridique de l'éminent auteur belge. Tous ceux qui prennent part à l'élaboration de la loi que nous cherchons à interpréter, parlent, et fréquemment, de personnes morales, personnes civiles, etc., sans réserves ni protestations préalables d'aucune sorte. Bien plus, l'expression même de personnalité civile apparaît dans une loi votée peu de jours seulement après celle du 21 mars 1884. Elle est introduite sur la proposition d'un jurisconsulte, M. Batbie, dans l'art. 111, § 3 de la loi municipale du 5 avril de la même année qui vient donner ainsi un curieux démenti aux affirmations de M. Laurent.

Mais nous avons des indices plus sûrs des opinions juridiques qui inspiraient les auteurs de notre loi. M. Trarieux, qui a pris une part considérable aux débats du Parlement, a été amené à définir la personnalité civile dans la séance du 21 mai 1881. Voici comment il l'a fait : « Qu'est-ce donc, Messieurs, que la personnalité civile ? C'est, vous le savez, la constitution d'un être moral qui a le droit d'acquérir, de posséder, de disposer d'une manière générale, de transiger, de compromettre, de jouir, en un mot, de tous les droits civils *que peut avoir, dans notre société, la personne majeure et reconnue par la loi.* »

Il serait difficile de donner une notion plus large de la personnalité civile. Nous serions presque tentés d'y ajouter quelques restrictions, et cependant l'*Officiel* ne relève ni protestations, ni objections.

Il faut rapprocher des paroles de M. Trarieux une autre définition donnée par M. Waldeck-Rousseau, dans le projet sur les associations déposé par lui le 23 octobre 1883, définition qui emprunte une importance particulière au rôle prépondérant, je ne crains pas de dire décisif, joué par le ministre de l'intérieur à la Chambre et surtout au Sénat, lors des dernières délibérations. C'est à ses fréquentes et énergiques interventions que les syndicats restent en grande partie redevables de la liberté qui leur a été si entièrement et si heureusement reconnue. Voici comment était rédigé l'art. 14 du projet sur la liberté d'association. « La personnalité civile est la fiction légale en vertu de laquelle une association est considérée comme constituant une personne distincte de la personne de ses membres, et en qui réside la propriété des biens de la société. »

Enfin le texte même de l'art. 6 nous paraît établir que les rédacteurs de la loi du 21 mars 1884 se sont inspirés de la doctrine traditionnelle et large. Le législateur qui n'admettrait pas la capacité générale des personnes civiles, serait, en effet, logiquement conduit à énumérer limitativement les facultés spéciales qu'il entendrait permettre à sa création d'exercer. Il se croirait au contraire, à cour sûr, dispensé d'indiquer expressément qu'il lui refuse la jouissance de tel ou tel droit, son silence devant être suffisamment significatif.

Il est vrai que l'art. 6 ne reconnaît pas en propres termes la personnalité civile aux syndicats, comme le fait par exemple la loi fédérale suisse pour toutes les associations. Conformément aux habitudes du législateur français, notre texte se contente d'indiquer les principales conséquences de cette personnalité, surtout le droit d'ester en justice, ordinairement considéré comme la prérogative caractéristique (1).

Mais personne n'a prétendu jusqu'à présent transformer ces indications en énumération limitative (2). Contentons-nous de citer un commentaire autorisé. Voici ce qu'on lit dans la circulaire écrite par M. Waldeck-Rousseau, pour l'application de la loi nouvelle : « Aucune disposition ne leur défend (aux syndicats) ni de prendre des immeubles à bail, quel qu'en soit le nombre et quelle que soit la durée des baux, ni de prêter, ni d'emprunter, ni de vendre, échanger, hypothéquer leurs immeubles. » Aucune de ces opérations n'est directement autorisée par l'art. 6. Il en est, par exemple, l'emprunt, qu'il est impossible de considérer comme, même indirectement, prévu dans ce texte. Le ministre de l'intérieur reconnaît cependant toutes ces facultés au syndicat, pour cette seule et à ses yeux suffisante raison, qu'elles ne lui sont point interdites.

Il faut une interdiction formelle pour enlever au syndicat la jouissance d'un droit relatif au patrimoine. C'est bien ainsi que l'a jugé le rédacteur de l'art. 6. Voulant enlever à ces associations le droit d'acquérir des immeubles au-delà de certaines limites, il a expressément posé ces limites : « Toutefois, ils ne pourront acquérir d'autres immeubles que ceux qui seront nécessaires à leurs réunions, etc. »

---

(1) Art. 6. « Les syndicats professionnels de patrons ou d'ouvriers auront le droit d'ester en justice.

Ils pourront employer les sommes provenant des cotisations. Toutefois ils ne pourront acquérir d'autres immeubles que ceux qui seront nécessaires à leurs réunions, à leurs bibliothèques et à des cours d'instruction professionnelle.

(2) « L'énumération de l'art. 6 n'a rien de limitatif. » Mongin ; *loi du 21 mars 1884; lois nouvelles 1884*, p. 101.

On pourrait opposer à l'opinion que nous défendons divers passages des travaux préparatoires où l'on voit traiter la personnalité civile des syndicats professionnels d'incomplète, arrêtée au strict nécessaire, spéciale, très limitée, etc. Mais ces expressions et d'autres semblables ne font, à notre avis, allusion qu'à la limite très grave que cette personnalité reçoit du texte exprès de l'art. 6, et peut être parfois aussi, à une autre restriction dont nous parlerons bientôt, qui, acceptée lors des premières délibéralions, a disparu de la loi définitive.

Nous conclurons de cette discussion que le syndicat professionnel est un être moral capable de jouir pour employer le langage de M. Trarieux, de tous les droits civils que peut avoir dans notre société la personne majeure et reconnue capable par la loi. Cette capacité ne comporte que deux sortes de restrictions : celles qui résultent de la nature même des choses, celles qui découlent d'une manifestation de volonté certaine du législateur de 1884.

Nous n'avons ici à nous occuper que des dernières.

III

Les syndicats professionnels ne peuvent, nous l'avons vu, dans les termes exprès de l'art. 6, acquérir d'autres immeubles que ceux nécessaires à leurs réunions, à leurs bibliothèques et à des cours d'instruction professionnelle.

Le législateur a cédé, en édictant cette disposition, à une crainte peut-être exagérée des envahissements de la main-morte. Nous croyons que le jour où l'on reviserait la loi de 1884, il faudrait étendre sur ce point la capacité de l'association professionnelle. La prohibition que nous venons de rappeler pourra, plus d'une fois, gêner le développement d'utiles entreprises, particulièrement en ce qui concerne les syndicats agricoles. Dans sa rédaction actuelle, la loi permettrait-elle, par exemple, à ces syndicats agricoles, de posséder plusieurs immeubles, à condition de les employer, non à une exploitation proprement dite, mais à des champs d'expérience et à des études agricoles ? Dans son très complet *Manuel des syndicats professionnels agricoles*, M. Boullaire admet l'affirmative (1). La solution nous paraît au moins douteuse.

Il est des interprètes de la loi de 1884 suivant lesquels l'intention du législateur aurait été de restreindre à un autre point de vue la capacité des syndicats professionnels ; toute acquisition à titre gratuit leur serait interdite (2).

Inutile d'insister sur l'intérêt, l'importance pratique de la controverse. L'avenir des syndicats sera fatalement très borné s'ils ne peuvent demander qu'aux cotisations toujours minimes de leurs membres les ressources nécessaires au développement de leurs œuvres.

Nous croyons, quant à nous, et nous allons essayer de le démontrer, que le législateur n'a point voulu enlever aux syndicats la faculté de recevoir des libéralités, mais que les acquisitions à titre gratuit leur sont permises comme les acquisitions à titre onéreux, c'est-à-dire à condition qu'ils respectent la règle restrictive édictée par l'art. 6 en ce qui concerne les acquisitions d'immeubles.

On a argumenté contre les syndicats des articles 8 et 6 de la loi du 21 mars. L'art. 8 est ainsi conçu :

---

(1) Boullaire. *Manuel des Syndicats professionnels agricoles*, p. 96. Dans le même sens, Gain. *Les Syndicats agricoles professionnels*, p. 33.

(2) Hubert Valleroux, *Revue des Sociétés*, avril 1886. — Brunot, *Commentaire de la loi sur les Syndicats professionnels*, p. 143.

« Lorsque les biens auront été acquis contrairement aux dispositions de l'art. 6, la nullité de l'acquisition ou de la libéralité pourra être demandée par le procureur de la République ou par les intéressés. Dans le cas d'acquisition à titre onéreux, les immeubles seront vendus et le prix en sera déposé à la caisse de l'association. Dans le cas de libéralité, les biens feront retour aux disposants ou à leurs héritiers ou ayants-cause. »

On pourrait prétendre qu'il y a une significative opposition entre le mot *immeubles*, employé par notre article lorsqu'il s'agit d'acquisition à titre onéreux, et l'expression beaucoup plus large *biens*, dont le même texte se sert quand il fait allusion aux libéralités, et essayer d'en conclure que toute acquisition à titre gratuit est interdite, quelle que soit la nature des biens donnés.

Mais ne serait-ce pas d'abord attribuer à un détail de rédaction une importance excessive ? Puis, l'examen des travaux préparatoires démontre que la rédaction dont on voudrait tirer si grave conséquence n'est apparue au Sénat qu'à la séance du 23 février 1884, à la suite d'une modification opérée par le rapporteur, M. Tolain, dans l'ordre respectif de plusieurs des dispositions de notre loi, sans que personne eut manifesté le désir de voir transformer la portée de ces dispositions.

Enfin, les termes employés par l'art. 9 de la loi répondent suffisamment à l'objection qu'on voudrait déduire du texte qui le précède. L'hypothèse prévue est à peu près identique. Il s'agit toujours de faire respecter les restrictions apportées par le législateur à la personnalité civile du syndicat. Seulement dans un cas (celui de l'art. 8), l'action est intentée devant le tribunal civil. Dans le second, elle est portée par le procureur de la République devant le Tribunal correctionnel accessoirement à une poursuite tendant à faire condamner à l'amende les administrateurs et directeurs du syndicat.

Cependant l'art. 9 ne distingue pas entre les acquisitions à titre onéreux et les libéralités. Il dit simplement en une seule phrase : « Les tribunaux pourront en outre, à la diligence du procureur de la République, prononcer la dissolution du syndicat et la nullité des acquisitions d'immeubles faites en violation des dispositions de l'art. 6. »

Le texte de la loi fournit aux auteurs qui refusent aux syndicats la faculté de recevoir à titre gratuit un second argument plus spécieux au premier abord. D'après l'art. 6, §2,« ils (les syndicats) pourront employer les sommes provenant des cotisations. » Le projet voté en première lecture par la Chambre dés députés contenait une disposition présentant, avec celle que nous venons de citer, la plus étroite analogie : «Ils pourront posséder et employer les sommes produites par des cotisations. » Or, il est certain que lors de sa première délibération, la Chambre entendait interdire aux syndicats tout mode d'acquisition autre que le produit des cotisations. « Nous avons eu soin de dire que les sociétés syndicales ne pourront acquérir que par des cotisations. .... Les syndicats ne pourront acquérir qu'au moyen des cotisations versées par leurs membres. » Telles étaient les déclarations faites à la tribune par le rapporteur. On retrouvait l'affirmation des mêmes principes sur les lèvres de M. Goblet. Il semble vraiment extraordinaire qu'une formule, dont la portée était si nettement reconnue lors de la première délibération, demeurée dans la loi définitive à peu près identique à elle-même, puisse être aujourd'hui interprétée dans un sens différent de celui que le législateur avait d'abord voulu lui attribuer.

Et cependant, l'examen des travaux parlementaires postérieurs aux premiers votes de la Chambre nous paraît imposer cette interprétation, en apparence déconcertante.

Le Sénat partageait le sentiment de la Chambre sur la nécessité de ne permettre aux syndicats que les acquisitions à titre onéreux. Mais il crut indispensable de s'expliquer catégoriquement, en ajoutant au texte qui reconnaissait la personnalité civile aux syndicats, une disposition ainsi conçue : « Il leur est interdit de recevoir des dons et d'acquérir autrement qu'à titre onéreux. »

Ainsi modifié, le projet revient à la Chambre et ici se place l'incident décisif. La commission de la Chambre supprime la phrase ajoutée au Sénat et le rapport (1) de M. Lagrange donne ainsi la raison de cette suppression : « La commission n'a pas cru devoir enlever aux syndicats déclarés la faculté de recevoir des dons. Il est à présumer que dans la pratique, les bibliothèques syndicales et les écoles professionnelles recevront de nombreux dons de livres, d'outils ou d'instruments. Il serait injuste de les obliger à dépenser, pour l'acquisition de ces objets, des fonds qui peuvent utilement grossir les ressources des caisses de retraites et de secours mutuels. »

La disposition, effacée du projet pour les raisons qu'on vient de lire, n'y a plus reparu. On pourrait donc croire le débat clos, la question tranchée.

Cependant, M. Hubert Valleroux, dont nous combattons ici l'habile et vigoureuse argumentation ne se reconnaît point vaincu. Il croit pouvoir démontrer, à l'aide des débats de la Chambre, postérieurs au dépôt du rapport de M. Lagrange que le Parlement ne s'est pas approprié les idées du rapporteur.

M. de Mun avait déposé en faveur des syndicats mixtes, syndicats composés à la fois de patrons et d'ouvriers, un amendement ainsi conçu : « Outre les

---

(1) Rapport déposé dans la séance du 9 mars 1883.

cas prévus au précédent article, les syndicats professionnels mixtes, réunissant les patrons et les ouvriers d'un même métier ou de métiers similaires, pourront recevoir des dons et legs même immobiliers et acquérir tels immeubles qu'il leur conviendra pour la création de logements d'ouvriers, d'asiles pour les enfants et pour la vieillesse et de maisons de secours pour les malades. »

Que vont répondre les adversaires de l'amendement, dit notre contradicteur (1) : Qu'il est inutile parce que cette faculté de recevoir à titre gratuit appartient à tous les syndicats ? Ce sera leur seule parole si vraiment ils ont voulu, changeant leurs intentions premières, celles de 1881, que ce droit fut reconnu.

...Or, voici ce que répond M. Floquet (2) : « S'il (l'amendement) avait pour but d'étendre à tous les syndicats certaines facultés, certaines conditions d'état civil et de personnalité civile qui n'auraient pas été énumérées dans la loi..., la commission aurait à examiner jusqu'à quel point elle pourrait aller. Mais l'amendement veut autre chose : donner certains droits spéciaux, certains privilèges à une catégorie particulière d'associations professionnelles. » N'est-ce pas reconnaître que le droit de recevoir à titre gratuit serait un privilège, que la règle générale et commune c'est l'incapacité d'acquérir autrement qu'à titre onéreux ?

Nous répondrons, je crois, suffisamment, en faisant remarquer que l'adoption de l'amendement de M. de Mun eut constitué un privilège pour les syndicats mixtes, quand même on admettrait avec nous, que tous les syndicats jouissent en principe de la capacité de recevoir à titre gratuit. En effet, la restriction apportée par l'art. 6 aux acquisitions d'immeubles doit être appliquée, nous l'avons dit, quel que soit le caractère de l'acquisition.

---

(1) *Revue des Sociétés*, avril 1886, p. 234.
(2) Séance du 21 juin 1883.

Les syndicats ne pourront donc recevoir à titre de libéralité, comme à titre onéreux, que les immeubles qui seront nécessaires à leurs réunions, à leurs bibliothèques et à des cours d'instruction professionnelle. M. de Mun permettait plus aux syndicats mixtes, puisqu'ils devaient pouvoir acquérir « tels immeubles qu'il leur conviendra, pour la création de logements d'ouvriers, d'asiles pour les enfants et la vieillesse et de maisons de secours pour les malades. » Il .n'est même pas bien certain que cette énumération fut considérée comme limitative par le rédacteur de l'amendement.

M. Hubert Valleroux invoque enfin les paroles prononcées dans une séance antérieure (séance du 16 juin 1883) par le ministre de l'intérieur. Il est impossible, dit-il, de n'être pas frappé de l'analogie qu'il y a entre ces paroles et celles du rapporteur de la commission de 1881. Mais lui-même remarque que M. Allain-Targé avait surtout parlé des donations mobilières, tandis que M. Waldeck-Rousseau insiste sur les donations immobilières ; c'est là une différence significative et qui nous semble démontrer assez que M. Waldeck-Rousseau se rendait compte de la portée des changements opérés par la commission de la Chambre, puisque, d'après la loi telle que nous l'interprétons, les donations immobilières ne sont permises que dans un cas exceptionnel (1).

Une question, qui présente quelque analogie avec celle qui vient de nous retenir longuement, était portée en 1881 devant le tribunal de la Seine. On lui demandait de décider si les sociétés commerciales

---

(1) Boullaire. *Manuel des Syndicats agricoles*, p. 98. — Boullay. *Code des Syndicats professionnels*, p. 169. — Gain, *Syndicats agricoles*, p. 33. — Mongin. *Lois nouvelles*, 1884, p. 99. — Veyan, *Loi sur les Syndicats professionnels*, p. 181, admet le pouvoir d'acquérir à titre gratuit mais limité aux acquisitions mobilières.

peuvent recevoir à titre gratuit. Le jugement du 30 mars 1881 a reconnu ce droit aux sociétés commerciales, en invoquant les principes traditionnels que nous avons essayé de défendre : « Ces sociétés, ayant la personnalité civile, dit le tribunal, ont la jouissance et l'exercice de tous les droits civils compatibles avec leur nature. »

Cette décision a été critiquée. M. Labbé a formulé contre elle des objections (1) particulièrement intéressantes.

La société commerciale ne saurait, à son avis, être considérée comme un véritable donataire. Cette société n'est, en effet, qu'une réunion fortement nouée d'intérêts privés, subissant tous les contre-coups des modifications de la fortune de la société. Il est certain, par exemple, que tout enrichissement de la société se traduit nécessairement par une augmentation de la valeur des intérêts ou des actions et entraînera, par suite, un enrichissement des personnes individuelles à qui ces intérêts ou actions appartiennent. Ces personnes peuvent donc seules être considérées comme les véritables bénéficiaires de la donation faite à la société.

Il importe de remarquer que ces objections ne pourraient être invoquées contre la solution que nous avons admise en faveur des syndicats professionnels. Le syndicat n'est pas une société de gain. Il ne pourrait, en restant lui-même, distribuer des dividendes ou des bénéfices sous une forme quelconque. Comme M. Labbé le dit des établissements d'utilité publique, il s'enrichit à l'avantage du but qu'il poursuit, de la cause qu'il sert, non pas des personnes individuelles qui le composent.

---

(1) Sirey, 1881, II. p. 249. — Voir aussi les articles de MM. Lyon-Caen, Camberlin et Vavasseur. *La Loi*, 27 avril et 8 mai 1881; 13 janvier 1882. J'ai le regret de n'avoir pu consulter ces articles.

Il est vrai que, d'après une opinion que nous apprécierons bientôt, le patrimoine de la personne juridique devra être, le jour de la dissolution du syndicat, partagé entre les membres de ce syndicat. Mais la dissolution n'est qu'un accident, un événement le plus souvent imprévu. L'enrichissement aléatoire qui en résultera pour les personnes composant le syndicat, à l'époque de cette dissolution, personnes que nul ne peut prétendre connaître à l'avance, ne saurait être considéré comme le but poursuivi par le donateur.

Les donations faites au syndicat professionnel seront-elles soumises à la nécessité de l'autorisation administrative ? Sans vouloir entrer dans les détails d'une controverse qui n'est pas spéciale à l'interprétation de la loi du 21 mars 1884, nous dirons qu'à notre sens l'art. 910 est une disposition exceptionnelle dont une saine interprétation défend d'étendre l'application (1). Il n'y a aucune raison pour soumettre, dans notre cas particulier, à la tutelle administrative, les syndicats qui reçoivent de la loi elle-même leur titre à une vie indépendante.

Ajoutons que les art. 8 et 9 de notre loi semblent difficilement conciliables avec l'obligation, pour les syndicats donataires, d'obtenir une autorisation. Ils supposent en effet, l'un et l'autre, que le ministère public peut avoir à demander la nullité de libéralités faites en violation des dispositions de l'art. 6. Comment comprendre cette intervention du ministère public, si la régularité de la donation a déjà été soumise à un examen de l'administration (2)?

---

(1) Labbé. *loc. cit.*
(2) Boullaire. *Manuel des Syndicats agricoles*, p. 99. — Veyan, *Loi sur les Syndicats professionnels*, p. 185. — Mongin, *Commentaire* de la loi du 21 mars 1884. *Lois nouvelles*, 1884, p. 101. — *Contrà.* — Boullay, *Code des Syndicats professionnels*, p. 169. — Gain, *Les Syndicats professionnels agricoles et la loi du 21 mars 1884*, p. 34.

IV

Le syndicat est dissous, soit par autorité de justice (art. 9 de la loi du 21 mars), soit autrement. Que
deviendront les biens de l'association disparue ?

Une solution radicale semble, au premier abord,
s'imposer. La personne juridique évanouie, les biens
qui lui appartenaient restent sans maître. L'application de l'art. 713 du Code civil en assure par conséquent la propriété à l'Etat.

Il est cependant remarquable que le projet de loi
sur les associations, dont M. Bertauld était, en 1871,
le rapporteur auprès de l'Assemblée nationale, ne reconnaissait pas le droit de l'Etat sur les biens de l'association dissoute, bien qu'il accordât la personnalité
à toutes les associations.

D'après l'art. 15 de ce projet : « En cas d'extinction
ou de suppression d'une association légalement éta-
blie, les biens acquis par elle à titre gratuit font retour aux donateurs ou aux parents, au degré succes-
sible, des donateurs et des testateurs.

« Les biens acquis à titre onéreux seront, au cas de
dissolution ou de suppression, répartis entre les associés ou leurs ayants-cause.

« En cas d'extinction, ils appartiendront au dernier
survivant.

« Toutefois, ces dispositions ne recevront d'application qu'autant que les statuts ne contiendraient pas de
dispositions valables sur le sort des biens acquis,
soit à titre onéreux, soit à titre gratuit. »

Les commentateurs de la loi du 21 mars 1884, qui
ont prévu la question et que j'ai pu consulter, vont plus
loin. Ils admettent qu'à défaut de règles dans les statuts, les membres du syndicat, au jour de sa dissolution, pourront se partager tous les biens, quelle que

soit leur origine. Mais ils ne donnent pas de motifs à l'appui de cette solution (1).

On pourrait, je crois, essayer de la fonder sur certains passages des discours prononcés au Parlement (2). Mais pareille démonstration serait-elle suffisante? Les travaux préparatoires d'une loi présentent le plus grand intérêt quand il s'agit de déterminer la portée exacte d'un texte de cette loi, mais peuvent-ils suppléer à la loi elle-même sur des points qu'elle n'a pas touchés, même indirectement?

C'est aux principes généraux qu'il faut, à notre avis, demander ici la décision.

Dès longtemps on distingue, parmi les personnes juridiques, les corporations des fondations. L'existence idéale de la fondation repose sur la fin qui lui est assignée. Dans la fondation, dit M. de Savigny, le véritable sujet du droit est une abstraction personnifiée, une œuvre d'humanité qui doit s'accomplir dans un certain lieu, d'après un certain mode et par des moyens déterminés. La création d'un hôpital fournit un exemple de la constitution d'une fondation. Il nous paraît difficile, en effet, de considérer les malades soignés dans l'hôpital comme formant l'unité collective propriétaire des biens de l'hôpital (3).

La corporation se présente à nous sous un tout autre aspect. Elle suppose toujours un groupe, une collectivité de personnes réelles et physiques, une asso-

---

(1) Boullaire, *Manuel des Syndicats agricoles*, p. 121. — Mougin, *Lois nouvelles*, 1884, p. 104. — Brunot, *Commentaire*, p. 166. — Veyan, *Loi sur les Syndicats professionnels*, p. 229. — D'après Gain, *Syndicats professionnels agricoles*, il faudra appliquer les dispositions des art. 1843 et s. du Code civil, compatibles avec ce genre de sociétés.

(2) V. particulièrement le discours de M. Barthe au Sénat, dans la séance du 2 février 1884.

(3) Savigny. *Traité de droit romain* ; traduction Guenoux, t. II, p. 241 et s. Cpr. Accarias, *Précis de droit romain*, t. I, p. 411.

ciation, en un mot, servant d'assise nécessaire à la personne juridique. On a dit: «grattez n'importe quelle personne morale et vous rencontrerez une association ordinaire avec tous ses éléments essentiels (1)». Cela est vrai des corporations.

Il peut être fort délicat de décider si une personne juridique doit être rangée parmi les fondations ou les corporations. Ce n'est pas le cas ici. Le syndicat professionnel constitue certainement une corporation.

Nous avons essayé de démontrer que le législateur de 1884, fidèle à la doctrine traditionnelle, avait considéré la personnalité civile comme la conséquence d'une assimilation fictive de l'être juridiquement créé à une personne physiquement vivante. Mais il importe de ne pas exagérer les conséquences de cette assimilation.

En ce qui concerne les corporations, la fiction ne doit pas avoir pour résultat de faire disparaître entièrement la réalité, c'est-à-dire l'association qui lui sert de substratum et les droits individuels des membres de cette association, mais seulement de les voiler dans la mesure où cela est utile pour faciliter la poursuite du but que les associés se sont proposé et en faveur duquel leur groupement bénéficie des avantages de la personnification.

L'être juridique n'est qu'un masque (2). L'association conserve ce masque tant qu'il lui est utile dans les relations de la communauté avec l'extérieur pour contracter, ester en justice, recevoir des libéralités, garantir la séparation du patrimoine des associés de celui de la société, etc., et ainsi mieux atteindre la fin qu'elle s'est assignée. Mais, du moment où cette fin est désintéressée, le masque tombe, la vérité appa-

---

(1) Van den Heuvel. *De la situation légale des associations sans but lucratif*, p. 53.

(2) Ihering. *Esprit du droit romain*, traduction de Meulenaere, t. IV, p. 214.

raît, c'est-à-dire une association dont la personnification n'a pu modifier les caractères essentiels, des
associés dont les droits n'ont pas été atteints, qui sont
toujours restés les véritables propriétaires de l'actif
commun (1).

Appliquons ces principes au syndicat. Le jour où,
la dissolution survenue, le but que les fondateurs
s'étaient proposé cesse d'être poursuivi, le sort des
biens qui ont jusqu'alors été considérés comme constituant le patrimoine de la personne morale devra être
réglé en faisant abstraction de la personnalité disparue. Nous éviterons ainsi de retourner contre les
membres du syndicat la précieuse faveur que la loi
nouvelle leur accorde. Exiger le retour à l'Etat des
biens des syndicats dissous, ne serait-ce pas leur
faire payer cher la liberté légale qu'on a voulu leur
reconnaître ?

L'association qui a servi de fondement à la personnalité civile du syndicat et que l'événement de la
dissolution nous permet de démasquer, ne presente
pas les caractères d'une société civile (2). La société
civile doit, en effet, se proposer un but pécuniaire;
la vue de bénéfices à partager est, d'après l'art. 1832,
une condition essentielle à son existence (3).

Cette association n'en est pas moins régulière et
valable. Le législateur du Code civil n'a pas prétendu
renfermer l'activité et l'initiative humaine dans le
cercle étroit des conventions auxquelles il a donné un

---

(1) Cpr. la théorie exposée par M. Labbé sur la personnalité des Sociétés commerciales, théorie à laquelle j'ai
emprunté quelques-unes même des expressions que
j'emploie. — V. aussi Van den Heuvel, p. 52 et s.

(2) V. cep. Gain, *Syndicats professionnels agricoles*,
p. 28.

(3) Rapprocher du texte de l'art. 1832 la définition
donnée par l'art. 524 du Code fédéral des Obligations : la
société est un contrat par lequel deux ou plusieurs personnes conviennent d'unir leurs efforts ou leurs ressources en vue d'atteindre un but commun.

nom et dont il a précisé les effets. A côté de ces contrats il pourra, de son aveu, s'en former d'autres, *contrats innommés*, dont la portée et les conséquences seront déterminés par la libre convention des parties et les règles du droit commun. « Les contrats, soit qu'ils aient une dénomination propre, *soit qu'ils n'en aient pas*, sont, dit l'art. 1107, soumis à des règles générales qui sont l'objet du présent titre. »

Notre association syndicale trouve sa place naturelle dans cette classe largement ouverte des contrats innommés. Et dès lors, c'est par les conventions des parties constatées aux statuts qu'il faudra régler le sort des biens du syndicat, toutes les fois, du moins, que ces conventions ne violeront aucune des règles prohibitives de notre droit.

A défaut des intentions expresses ou présumées des fondateurs, il conviendrait de demander à l'équité, à l'usage ou à la loi, conformément à l'art. 1135, la solution des difficultés que la dévolution du patrimoine syndical peut soulever. Les règles de notre Code sur les sociétés civiles pourront aussi être invoquées par analogie (1).

Ces difficultés, nous ne l'ignorons pas, pourront être parfois de nature fort embarrassante. Nous aurons peut-être l'occasion de les examiner de plus près. Pour le moment, nous nous contenterons d'avoir posé le principe.

---

(1) Art. 713 du Code fédéral des obligations :

« Après paiement des dettes, l'actif net de l'association est réparti par tête entre les sociétaires qui font partie de l'association au moment de la dissolution ou qui en seraient sortis pendant la dernière année à moins toutefois que les statuts ou des règlements constitutifs spéciaux n'en disposent autrement. »